TRA SOGNO E POESIA

di

Manuela Panichi

Cercherò di farti sorridere quando tu sarai triste,
cercherò di essere con te quando ti sentirai sola,
proverò a ringraziarti tutte le volte che sarai con me…
09/08/2004

Dedicato a Mario che mi ha definito: un cuore di palma sotto una corteccia.

INTRODUZIONE

Lettera ad un amico

Penso che l'amicizia non ha sesso, penso che l'amicizia non faccia discriminazioni razziali, penso che l'amicizia sgorga dal cuore delle persone come l'acqua fresca di una sorgente, viva, limpida, pura e soprattutto incontaminata, tu mi hai dato molto, si proprio tu, che hai avuto la pazienza di ascoltarmi, la voglia di leggermi dentro, la costanza di sentirmi piangere, e hai saputo darmi la speranza e la voglia di credere di nuovo in un mondo migliore, in persone migliori.

Mi hai dato la forza di lottare per riprendermi la mia vita, mi hai regalato sogni, speranze, mi hai fatto ricordare che il mondo vale la pena di essere vissuto, che ogni singola esperienza ti lascia dentro qualcosa che ti accompagnerà sempre in ogni gesto.. in ogni parola, e nello sguardo di persone che magari incontri per strada, a volte, ritrovi la profondità di sentimenti che si nascondono dietro muri interminabili.

Per un momento ho afferrato il cuore di una persona viva, caparbia, una persona che vola con il vento e segue la corrente, una persona che si aggrappa con forza, con orgoglio alla sua vita, una persona che anche dopo un temporale riesce a vedere un arcobaleno e a metterci dentro più colori di quanti non ce ne siano già, una persona dolce, sensibile.. quel che basta per far nascere un sorriso ogni qual volta la si pensa con affetto.

Ma ho anche afferrato il cuore di una persona che per sotto certi aspetti è sola, a volte triste, a volte malinconica, di un uomo fragile.. che ha paura, che rincorre sogni e li abbraccia in una morsa stretta stretta, quasi a non volerli lasciare andare, una persona molto legata ai sentimenti del passato, ma tanto legata che a volte ancora li teme, e così si rifugia nel suo mondo, nelle cose che gli sono care e famigliari.

Sai, spesso c'è magia nella vita, c'è complicità, c'è dolcezza, c'è rancore, c'è odio, c'è amicizia e c'è amore, ma il più delle volte queste cose non si sanno dosare al punto giusto o nel modo giusto, spesso si varcano delle linee di confine, magari perché lo si vuole fare o magari perché così è scritto nel destino di ognuno di noi, ma ogni volta, ogni istante, ogni attimo in cui le vivi ti lasciano dentro qualcosa che un'altra persona non riuscirà mai a darti, alcune ti danno più di altre, alcune invece non ti danno proprio nulla, mentre altre ti danno tutto ciò che vorresti o ti piacerebbe avere, ma ogni volta è sempre speciale, è un tesoro unico e raro da conservare.

Ciò che conta per me, è quello che sei nell' anima e nel cuore, con i tuoi difetti ed i tuoi pregi, con il tuo modo di essere uomo e a volte anche di essere bambino, ciò che conta per me è il tuo modo di parlare, di ridere, di scherzare, di piangere,il tuo modo di pensare, possono essere simili o no al mio modo di essere e di vedere la vita, ma ciò che so, è che bisogna sempre confrontarsi con le persone a cui tieni di più, per capire quanto esse siano speciali, per capire quanto riescono ad insegnarti, per guardarle negli occhi con stima e sincerità, per regalargli una parte di te ogni qual volta ce ne sia bisogno.

Ci sono attimi nella vita che racchiudono in se l'essenza di mille silenzi, eternità di parole rubate ad eloquenti sorrisi,e il respiro che si trasforma nell'emozione di un abbraccio,cercato e condiviso, dalla semplicità che solo tu sai esprimere.

Immersa nel silenzio della mia fragilità i miei pensieri vagano oltre l'immaginario di questa notte buia, dove la pioggia scandisce il tempo che sembra passare troppo in fretta, non so quanto sia concreto il sapore amaro costruito su esili fili che infrangono le barriere del tempo e dello spazio per circoscrivere i confini di un mondo che ci ha visto complici e artefici dei sogni a noi più cari.

Non ho bisogno di cercarti lontano, porto una mano al cuore e tu sei lì, ci sei da sempre, con i tuoi sorrisi e le tue parole, i tuoi dubbi e le tue contraddizioni e tutti gli attimi che mi hai concesso sono racchiusi nella linfa che dà vita al timore di cose nuove.

Roma 05 agosto 2002

...PERCHE' TU POSSA ASCOLTARMI...

Perché tu possa ascoltarmi a volte
lascia che ti parli con il tuo silenzio
come respiro per i miei sogni,
lascia che colmi la tua assenza con petali di rosa
fino a sentire il profumo della tua anima liberarsi nell'aria.

Perché tu possa ascoltarmi a volte,
lascia che le mie parole si facciano sottili
a crescano in un'aureola di mistero
tentando di aggrapparsi con forza,
all'eco di orme lasciate sulla sabbia.

Perché tu possa ascoltarmi a volte,
apri i tuoi occhi color del mare
e lascia che un raggio di sole l'attraversi,
che la luna vi trovi il suo rifugio
e che il vento annulli le distanze.

Perché tu possa ascoltarmi a volte,
prendi le mie mani nelle tue e taci,
lascia che la mia bocca si nutra della sete di te
e il tuo corpo si abbandoni a sussurrati respiri.

Perché tu possa ascoltarmi a volte,
nascondimi nel tuo nido di carezze,
fiamma di notte infinita
e sorreggimi con la luce delle stelle
fino ad illuminare l'infinito della tua carne distesa.

...PRIGIONIERA...

E' un mondo di solitudine questo
dove vince la legge del più forte,
dove tutte le amarezze hanno un nome e un volto,
dove il dolore conosce una sola verità,
ipocrisia più vana di giorni felici.

Dove i sorrisi brillavano nell'aria
e i passi scandivano il tempo,
dove neanche il rancore trova il suo posto.

E ti abbraccio nel vuoto
accarezzando il buio e pensando già a domani.

Le parole sembrano nascondersi in mille silenzi
e le lacrime hanno paura di farsi vedere,
non c'è spazio per noi in questa vita,
quello che c'è stato ha già colmato di amarezza
il profondo baratro che ci circonda.

Sento scivolare via tutta una vita insieme,
come se nulla fosse esistito
ma tutto ha comunque un non so che
di sconvolgente e meraviglioso.

Hai strappato i petali dei miei fiori
e ne hai fatto ornamento per le tue giustificazioni,
hai girato le spalle e chiuso la porta
lasciandomi sola con le tue colpe.

Cosa vuol dire perdono?
Non ho un senso... non so risponderti.

...SPECCHIO...

Ho visto la tua immagine riflessa nel mio specchio
a tratti vuota... a tratti colma di trasversale mediocrità,
elargibile esempio di assoluta superbia
perfetta sublimazione dell'irrazionalità
distorta visione dell'essere stesso
profonda sintesi di precarietà.

Verità nascoste in assenza di sogni,
simbolo eletto di indiscutibile crudeltà,
non c'è odio... non c'è amore... né indifferenza... né spiritualità,
c'è solo la voglia di cose semplici
e nutrite sfide con l'impossibilità di esistere.

Lascia che il tuo mondo ascolti il mio e non cercare di capire,
ascolta...ascolta soltanto...lascia che il vento sfiori la tua anima
e il tuo cuore trovi posto nell' arcano mistero della vita.

Sei solo di passaggio,
attimo fuggente, una brezza leggera che accarezza la pelle
o travolgente passione che sconvolge l'anima,
ma voli via, in ogni istante, alla continua ricerca della perfezione
insita nei meandri dei percorsi più bui,
enigmi tortuosi e sussurrate complicità.

Vuoi nutriti di epiche emozioni,
quasi a narrare la storia di impossibili imprese, grande eroe,
compiaciuto artefice di beltà gloriose o vane
ardua forma di evanescente promiscuità.

Ho cercato la tua anima riflessa nel mio specchio,
vi ho trovato tutto... o forse... niente.

...EQUILIBRIO...

Ascoltare le onde infrangersi nell'infinito
è come perdersi nell'immensità di elementi incontrastati
è come camminare sulla sottile linea dell'equilibrio
ed aver paura di cadere giù.

Un abisso incontenibile di pensieri rubati,
voci, suoni, quasi a colmare le pagine vuote di un libro,
una scia di fragili promesse solca la linea del destino,
disegnando la rotta per luoghi lontani
immersi nel più sottile dei piaceri
avvolti da un idillio di luci soffuse
cornice dorata della tua anima.

Basta ascoltare il silenzio per trovare l'universo dentro me,
scrigno complice e discreto,
forziere proibito dei miei mille perché,
c'è un posto nel mare dove la pioggia fa amicizia con il sole
dove le nuvole diventano aria
e scandiscono gli attimi vissuti con te.

Potrei planare sull'isola dei desideri
o prendere il volo verso terre lontane,
oltre la razionalità indiscreta dell'apparenza,
dove tutto scorre e niente diventa vano
dove anche l'istante più piccolo diventa eterno
e un sorriso placa gli animi più ribelli.

Ma in qualunque posto le mie ali troveranno spazio,
lontano o vicino,
naufraghe di combattute ostilità o compagne degli angeli più dolci,
tu sarai con me.

…NEVE…

La luna questa sera ha il tuo colore,
vellutata carezza d'argilla e di miele.

L'aria ha il profumo di cose antiche,
sapori lontani nascosti nei sentieri della vita,
un guizzo di gioia fa capolino tra le stelle
tanto da illuminare l'infinito d' immenso.

Fino a perdersi nell'orizzonte
di ostilità fatiscenti e vane.

Vorrei disegnare i contorni del tuo volto
e farne linfa per i miei ricordi,
vorrei nutrire la mia anima dei tuoi sorrisi
e il mio intelletto della tua fine ironia.

Scandire la tua assenza come gocce di profumo
che si perdono nel mare,
intrappolate in una rete di cristallo dura a morire,
vorrei tenerti tra le mani
e sciogliertі come neve al sole.

Le emozioni raccontano immagini……

...IMMAGINARIO...

Ho guardato i tuoi occhi e ho dipinto un quadro
con il lento divenire di ombre soffuse
che abbracciano i silenzi della notte.

Dove l'apparenza nasconde ogni futile mediocrità
e l'azzurro divaga oltre la sottile linea dell'ignoto,
in bilico su una parete di pensieri
ancorata a cupi fondali di ricordi.

Dove il tempo ha il sapore amaro di segreti racchiusi
in un vespro arido di un gioco che ci sfugge.

Il tuo sguardo confonde la geometria del mare,
le onde del tuo essere incerto e lento
corrodono le orde di pensieri che ancora avverto.

Dispersi ad eco,vicini e lontani
che danzano nella valle del silenzio,tenendosi per mano,
avanzano a piccoli passi,
aridi come la nebbia che riveste i giorni,
giorni che piegano anni.

La luna si spegne, il tiepido calore del mattino
risveglia la filigrana dei pensieri
per riscoprire nel breve spazio dell'alba che avanza
l'immaginario che di te resta.

...TI HO CERCATO...

Ti ho cercato negli sguardi della gente
coprendo di sorrisi i giorni più bui,
ho chiesto al sole di nascondere le stelle
beltà assoluta di una notte che non va più via.
Pensiero cupo e strano di emozioni altisonanti
che cavalcano la strada dell'ingiustizia,
con le ali al vento quasi a librarsi in un canto senza fine.

Ho riempito i tuoi silenzi con la forza della mia anima,
ho calcato le tue parole rendendole immortali,
ho trasformato una dolce illusione in un canestro di verità
colmo di pensieri senza fine,
di baci che scandiscono i secondi,
di complicità contraddittorie e vane.

Ho cercato le tue mani per disegnarne la linea del destino
chiusa in un pugno di eclettiche superficialità,
quasi a lasciar dietro di se milioni di granelli di sabbia
a costruire un castello di carta.

Ho eretto una torre imponente e austera
quasi a segnare il confine tra il tuo cuore e il mio,
semplice paura di farsi male
mediocre ostentazione di vulnerabile fragilità.

Ho pianto lacrime di gioia e lacrime amare,
ho sentito vibrare il mio corpo sotto il peso di condanne e pregiudizi,
ho nascosto l'odio in frasi di plastica,
ho messo via battiti di ciglia
a scandire i secondi di attimi vissuti con te.
Ma ciò che sento se porto il tuo nome a far capolino nei miei pensieri
è il desiderio di vedere il tuo sorriso,
beffardo e complice.

...INSICUREZZA...

Ho voglia di ascoltare le note del silenzio
prigioniere di un'anima assente,
continuo abbraccio oscuro di stupefacente semplicità.

Grida perse in un baratro senza fondo
dove il male più oscuro ha il volto di un angelo
e dove la libertà più assoluta prende il volo
verso leggiadri orizzonti senza confini.

voglio perdermi nella gioia di un ricordo,
perché li posso ritrovare i miei sorrisi,
accarezzare i miei sogni e dar vita ai colori.

Stringere tra le mani la forza dell'umiltà e dell'orgoglio
per farne gloria vana di pregiudizi insignificanti,
il mio cuore si perde nel cupo battito del tempo
dove ogni cosa diventa eterna
ed ogni dolore sembra non avere età
né spazio
né tempo
ma sembra essere avvolto da un velo di tristezza.

Oggi sembra ieri e ieri sembra già domani,
la notte sfiora la luce del giorno
e il giorno nasconde l'insicurezza della notte.

...ALL'IMPROVVISO...

Camminando nei tuoi pensieri
ho trovato lo specchio dei tuoi occhi,
cercando in una stanza buia
ho trovato il cofanetto dei tuoi sorrisi,
in un tempo nascosto al mondo
sotto le mille pieghe di un lenzuolo bianco,
ho scorto la fiamma di una candela
e un cielo dipinto nella polvere.
Mi sono persa nel silenzio
di questa cornice d'autunno
dolce mano nella mia mano,
stringimi.

...INCONTRI DELL'ANIMA...

Le lancette dell'orologio battono un respiro profondo
emblema di consuetudini dove tutto dorme
raccolto nelle orme del tempo
dove l'istante già vissuto si unisce al divenire
per accogliere il futuro
in una percezione solo apparente
e tutto si ferma
proprio lì
tra mille prospettive
come un flebile gioco di specchi
e in qualcosa di così semplice
si incarna la misura di un istante.

Ciò che sfugge al nostro cuore rimane impresso nella mente…

...INCERTO...

Ed io insisto a pensarti
come un raggio di luna
che sfiora la mia ombra e la tua che la segue.

Sull'acqua della memoria
senza le torbide paure del male,
nell'oscuro profumo del silenzio,
oltre l'ora dell'innocenza,
penetrando nel profondo
nel chiuso di labili confini.

Dove si aprono i gesti di un' oasi i smarrita
dove l'immagine della memoria ci sfugge e ci riafferra,
in un diluvio di sensi,
dal sapore di vento salmastro,
il segno immortale di sguardi in noi racchiusi,
per riscoprirti nei favilli di fuoco che la mente adorna.

Su un letto coronato di sogni
assopito in una memoria perduta
equilibrio tra baratro e illusorio abbandono
un' amore mi afferra
tra sottili pause distese
nell'incanto di una dimensione sognata.

Un breve spazio nell'alba che avanza,
di certo c'è solo un attimo,
ma io insisto a pensarti
ed ora che ti ho trovato
il sonno racchiude l'attesa.

Tendo le mani ad accarezzare il mio destino
e ciò che trovo è l'ansia dell'incerto.

...NEI GIARDINI CHE NESSUNO SA...

Ti ho parlato oggi
mentre il mare viaggiava verso orizzonti lontani
e il vento accarezzava la pelle aspra e arida
di verità nascoste sotto castelli di sabbia.

Il sole scaldava il sonno profondo del cuore
trafitto dalla pedante mediocrità che la tua mente adotta.

Non un sorriso ha colorato l'arcobaleno dei ricordi
lasciando nubi sul sentiero della vita
che tutto avvolge in una carta crespa senza colore.

Ad un tratto, ho perso il respiro
e la mia bocca è diventata sigillo inviolabile
di silenzi che rivestono l'anima
quasi a scandire le gocce del tempo che annulla ogni istante.

Una finestra ha chiuso la sua oscurità a un giardino
di cose pure e semplici
lasciando che le essenze vagassero indisturbate
in una notte senza stelle.

Le onde hanno sussurrato frasi senza senso
e tutto ciò che c'era intorno
ad un tratto è divenuto il mio rifugio.

Sento ancora il tuo odore scorrere bizzarro nelle mie vene
la tua voce divenire vendetta
sento il tuo cuore che ha cessato di battere.

Non c'è emozione in quello che dici tutto ha lo stesso suono
tutto lo stesso equilibrio che vacilla da un letto all'altro
dal tuo mondo al mio.

Questa è l’ultima pagina della nostra storia
laconiche malinconie e domande ipocrite
tutto racchiuso in una stanza.

Ciò che ho sentito oggi è stato il calore del sole
ho visto l’immensità del mare
ho sentito il profumo della sabbia.

Eravamo distanti nei pensieri e nelle parole
nei gesti e nei modi
eravamo ciò che non siamo mai stati
per te tutto inizia mentre scrivi nei miei occhi la parola fine.

...A VOLTE CAPITA...

A volte capita di star bene con i propri silenzi,
quando non trovi più le parole
per esprimere i tuoi pensieri.

Quando il mondo che ti circonda
sembra assumere tutto uno stesso colore,
grigio, pallido, con una velata nebbia che riveste la malinconia.

Vorresti proiettare la tua mente verso flebili confini
dove il cielo e il mare assumono lo stesso colore
ed emanano lo stesso profumo salmastro
di cose nascoste, in labirinti di sabbia,
e deserti sconfinati di paure e frustrazioni.

Dove i sogni si trasformano in piramidi di ghiaccio,
a specchio, tra il tuo mondo e il mio,
mi chiedo se il mio cuore possa scaldarsi al tuo ricordo
o se il tuo ricordo sbiadisca come una fotografia,
di quelle che vengono dimenticate in una cornice
ad invecchiare tra la polvere e l'aridità che il tempo lascia dietro di se.

A volte capita di non aver voglia di ascoltare,
di voler abbracciare un'ombra riflessa su una parete di cemento,
senza riuscire ad afferrarla, e con lo sguardo viaggi oltre,
quasi a cercarne la fine, o l'inizio,
come se tutto avesse un punto di partenza e uno d'arrivo.

Ma spesso, ogni cosa genera da un amore incondizionato
e vaga nell'oblio per l'eternità,
senza meta, senza un punto d'incontro,
fino a scivolare lungo le linee curve del cuore e tracciarne la storia
che farà parte dell'album dei ricordi.

Fino a trasformarsi in vecchie pagine ingiallite,
che ci si ostina a sfogliare e consumare,
per assaporarne la profonda essenza fino all'ultimo dei respiri.

A volte capita,
di aver voglia di star soli,
ma ritrovarsi nei tuoi silenzi
è come vivere in un oceano di indifferenza.

...AL DI LA' DEL SOLE...

Certi giorni è come se la notte
fosse capace di fugare le nostre personali solitudini,
racchiusi in una nuvola di fumo
che porta a zonzo i nostri pensieri
e ne fa linfa per le nostre parole.

E' come se ciò che ci circonda
non avesse più nessuna importanza,
ma si scava e si riscava nei fantasmi del passato,
nelle più devastanti inquietudini,
per riuscire a trovare l'anima che le ha invase.

E ci si continua a chiedere dove siano finite certe verità,
o le verità che noi vogliamo conoscere,
o quelle stesse che siamo capaci di vedere.

A volte ci crogioliamo nei nostri momenti e li teniamo stretti
come se fossero l'unica cosa che ci resta,
come se domani fosse troppo tardi per poterci pensare
e la paura che il ricordo possa sfumare
ci rende frettolosi e insensati nelle scelte.

Ma f orse domani è davvero troppo tardi,
forse domani non c'è più posto per le vecchie cose,
forse domani il sole ha deciso di dare un nuovo volto alla vita
e forse è giusto così.

Siamo percorrendo un lungo cammino,
tra i profondi abissi del mare
e la sconvolgente semplicità di quello che ci circonda.

Spesso il nostro cuore viene graffiato
e le nostre lacrime sono talmente amare

da restare indigeste perfino a noi stessi,
ma tutto ha un inizio e tutto ha una fine,
a volte dire basta è come rinascere a nuova vita
è come se una porta alle nostre spalle
avesse chiuso dietro di se un labirinto di cose sporche e inutili.

Voglio il sole intorno a me,
che cancelli le ombre inquietanti della notte,
un sole che sopprima le menzogne e le mezze verità,
un sole che scalda l'anima e la rende artefice di cose nuove.

Non voglio perdermi per niente al mondo,
ho incontrato la vita oggi,
mi ha guardata negli occhi e mi ha detto
"vieni via con me".

Ciò che resta è un flebile equilibrio…

...QUEL CHE RESTA DI CERTI GIORNI...

Seta grave
soffice cantante
confusa con la sabbia
grigio cenere dall'odor di bosco.

Inattesa
sussurravo parole al vento
imitando follie
per entrare in scena di nascosto.

Solcando il soffio dell'anima
che nulla stringe e tutto riveste
per ascoltare un brivido
a cui il mondo appartiene.

E il silenzio cala dagli spalti
quando l'aurora prende il posto
di un tramonto insonne
come un cuore senza voce
alla ricerca del silenzio.

Gustando il sapore dell'istante
dell'essere di saggezza
libera da ogni dispensa
di memoria in memoria.

Saltellando sulla flebile linea dell'equilibrio
tra un sentiero di vaniglia e l'acqua salmastra
respirando aria di primavera
nell'eterno che non conta le ore
come quel che resta di certi giorni.

...LE ALI DEL SILENZIO...

Un nome che è come uno scrigno di cose semplici e buone,
sull'orlo si un precipizio selvaggio,
dove le nostre labbra ci proteggono.

Finchè mi baci non abbiamo timori,
la parola è un'ala del silenzio
pareti senza macchie di dita
rose aulenti nella notte insonne.

Sospendi ogni inteso giudizio
libero fondo del mio vetro,
mi vesto di parole rocciose
pregiudizio e sdegno,
vermi della noia e dell'ozio
rodono la bellezza del cuore.

Sabbie ostruiscono gli orifizi della consapevolezza,
gli occhi sono ciechi e il capo stanco,
tu non sei una cosa inanimata
mille mondi congiurano in te per dare vita
ciò che di te non conosci cospira per te nell'ombra.

...MANU E LA NEVE...

E' freddo oggi,
il cielo ha lo stesso colore dei tuoi occhi,
una borsa svogliata poggia sulla spalla destra,
il bavero del piumino nasconde le inquietudini
di una giornata passata distratta.

C'è molta gente intorno, il parcheggio è quasi pieno,
le macchine sembrano birilli messi in fila indiana,
entro, non c'è posto negli spogliatoi.

E come sempre mi chiudo nel mio angolo,
dove tutto assume il colore dell'arcobaleno,
anche la lezione è quasi soffusa,
riesco solo ad ascoltare la musica
che scandisce il ritmo dei pensieri.

Ciò che posso vedere attraverso il vetro dei ricordi
è il colore di quel cielo grigio,
là fuori, quasi in tempesta, e sembra volermi parlare,
sembra dire "ascolta la mia voce, odi il mio lamento".

Sembra pronto a trasformarsi in una miriade di coriandoli di carta
che diventeranno polvere appena toccheranno il suolo.

Ed io posso solo ascoltare, in silenzio,
persa nei confini di queste mura,
in un riverbero di questa città che tutto nasconde,
posso solo catturare il tempo e riporlo in uno scrigno,
lasciando scorrere le ore.

La musica suona ancora, stavolta una melodia stonata,
la lezione è finita, ognuno prende il suo posto sotto la doccia,
cerco di ritrovare il tuo profumo, ma non riesco a sentirlo,
l'acqua non ha lo stesso calore della tua pelle

e scivola via senza nemmeno sfiorarla.

E' notte fuori, non ho voglia di uscire,
potrei incontrarti, potrei venire a cercarti, ma non ne ho voglia.

E' freddo stasera, mi avvicino all'auto,
tiro fuori le chiavi dalla tasca.

Premo il pulsante del telecomando, non vuole aprirsi, insisto,
sento le mie mani avvolte da una carezza gelida.

Alzo gli occhi, il cielo ha il colore di una nuvola,
soffice e bianca come la neve.

Sorrido, il buio ha i tuoi occhi.

...PAROLE DI COTONE...

Parole di cotone nell'immagine della memoria,
vivere è come un'ombra che oscilla tra il buio e lo spazio,
mentre l'illusorio abbandono sfiora le torbide paure del male.

Rodono i pensieri lontani
nell'agonia di giorni e nelle notti chiamarsi,
come archi in fuga nel lamento di un lago.

Con velature di primavera,
quasi a riproporre armonie d'oriente,
nello sguardo di Roma,
contro il cielo disteso su cupole e tetti
si ergono melodie crepitanti
mentre all'apparenza c'è il segno immortale di sguardi...
in te e in me racchiusi.

Le nostre figure immerse nell'aria tersa,
per riaffiorare ancora,
fusi nel respiro
intatti ad eterno stupore di un volto,
di bianco e nero levigato.

Nel tuo corpo riflesso a specchio,
nei nostri passi all'unisono,
che percorrono a ritroso le soglie del tempo,
tra voli e precipizi,
per rinnovare un gioco che ci sfugge e ci riafferra
mentre il presente avvince.

Vorrei parlarti ancora,
tra le flebili nubi di cristallo
e un labirinto di cose nuove,
smarrita al senso del futuro
nel tuo parlare chiaro e nello sguardo,

in un guscio di frescura e in quella luce strana,
io ti ascolto.

E nell'aria del giorno che viene,
ancora ti avverto.

… E POI…

Ho visto in te ciò di cui avevo sempre bisogno,
diviso tra la realtà incondizionata
e l'utopia di un sogno.

Ti ho rubato sorrisi ed ho accarezzato attimi al tempo,
pensando che ogni volta fosse sempre speciale.

Paragonando il tuo nome a quello di un angelo,
portando il tuo cuore a far capolino
tra le stelle per incontrare il mio
e perdersi in una danza senza fine.

Volteggiando tra le onde del mare
e respirando una sensazione di infinito,
pura e semplice,
scaldati dal sole.

Sorretti da un alito di vento, così forte,
da portarci lontano verso orizzonti di saggezza
dove tutto si annulla ed ogni cosa acquista una grazia
di particolare bellezza e di candida ostentazione.

Mi hai preso le mani e le hai strette in un vortice di passione,
insegnandomi a sorridere all'amore,
hai cancellato false ipocrisie e inutili verità,
e ne hai fatto fardello per gli ipocriti.

Mi hai insegnato a scalare pareti di specchi
dove l'unica cosa era vedere chi avevo di fronte,
mi hai aiutato a ritrovare uno sguardo di bimba
perso nel vuoto di mille ostilità.

Mi sono aggrappata al tuo mondo,
ti ho stretto le braccia fino ad avvolgerti in una nuvola di zucchero,

insieme abbiamo disegnato cornici dorate di note impazzite,
contorno e nutrimento si sentimenti che ci appartengono.

Abbiamo condiviso la storia di una città eterna,
dove tutto ha una luce magica e ogni rumore diventava vano
paragonato alla tua presenza.

Una stanza d'albergo, un disegno, una fotografia.
un profumo, una cena in riva al Tevere, una festa di compleanno,
passi lenti a scandire il tempo
e l'eco della tua voce che non è mai mutato.

Ed ogni volta sembra sempre ieri,
e poi... silenzi,
duri e spietati come il fuoco che brucia le tenebre,
paure, sensazioni, bugie e velate malinconie.

Montagne di ghiaccio e profondi cunicoli bui
dove i pensieri tortuosi della tua mente
assumono un non so che di distante e lontano.

Ed ogni volta che cerco di afferrarli,
mi scivolano tra le mani come lacrime amare,
e poi parole, di nuovo parole, a volte sorrisi beffardi,
a volte spregiudicata fierezza e voglia di farmi male.

Non c'è un abisso tra il tuo mondo e il mio,
c'è solo una parete di cristallo che nessuno può scalfire
se non la volontà di essere gli amici che siamo da sempre.

Ed è forse questo quello che manca,
non so per quale mistero della vita
o per quale ingannevole e perfido gioco.

Ed io non riesco a smettere di pensarti
e più lo faccio e più ogni cosa resta quella di ieri,
annullando il presente e regalandoti sorrisi.

Ma questo tuo modo naturale di essere un estraneo
inonda i miei occhi di tristezza,
chiedendomi in quale labirinto sia finita la parte migliore di te
o se tutto era una maschera,
che hai tolto e buttato via in un cassetto che non aprirai più.

Un cassetto che per me assume la forma di un dolce ricordo
e di un bene così profondo da annullare ogni brutto pensiero,
mi manchi.

Ciò che siamo è esaltazione della ragione stessa…

... IO E TE... TE ED IO..

Paradiso di peccatori, eterna essenza della voracità,
dell'anima o del cuore o della carne stessa.

Intriso del più spudorato dei piaceri
costante movimento, voglia e passionalità.

E mi nutro a piccoli morsi,
oblio indiscreto di una verità assoluta,
complice contorto di pensieri proibiti,
esaltazione della ragione stessa, vincente relatività.

E bevo te a grandi sorsi,
colmando un piacere
che mi trascina verso apici di egoismo
o semplice sensualità.

E sento il profumo di orme misteriose,
di baci indiscreti, di mani fugaci,
desiderio struggente,ossessiva caparbietà.

Lento divagare del calore della tua pelle,
abbraccio avvolgente, piacere, eternità.

Prendimi con te, in te,
fa tuo ciò che ti sconvolge i sensi,
proverbiale dono di fragilità,
acuto intelletto,
forme perfette di elargibile godimento.

Espressione di un silenzio che racchiude un frutto proibito,
sogno, fantasia, duttilità.

E non lasciare che il tempo catturi solo ricordi,
accendi quel fuoco che brucia l'inferno,

possiedimi e lasciati possedere,
continuo vortice, spirale di estreme novità.

E lascia il tuo sguardo vagare nell'oceano,
illimitata sensazione, unica, struggente,
diversa in ogni istante, incontrollata esplosione di piacere,
virilità.

Poi guardami… io e te… te ed io.

...ALABASTRO...

E anche oggi sarà giorno da sigarette
e pensieri persi che arrivano come mosche,
giorni da spigoli in cui hai un bel da fare
a frugarti nelle tasche in cerca di carta da smeriglio.

Perché gli spigoli dentro non si lasciano arrotondare facilmente,
un po' come quando te ne stai seduta lì,
con la tua bella scatola di baci perugina
e ne scarti uno dopo l'altro cercando la frase che più ti si addice.

Un po' come quando ti chiedi su cosa hai lasciato le tue impronte,
in silenzio a recitare la tua commedia
in un teatro di spettatori ciechi.

E tra mura medievali ti ritrovi a dialogare con il vento,
con un costume che riveste l'ombra dell'anima,
come una parabola di frutti racchiusi in uno scrigno di alabastro.

E si pensa a dolcezze ignote,
fluttuando tra la trasparenza del vetro e il calice di un cuore,
ad allungare una mano,
perché a volte il cielo si lascia toccare,
fino ad incagliarsi dentro un anfratto oscuro della vita
che affonda e poi riemerge
grigio di fumo e bianco di calce incrostata.

...INUTILITA'...

Le parole sembrano quasi sospese nel tempo,
accompagnate da un turbinio di anime perse,
a volte, un alito di vento le accarezza,
quasi a volerne rubare i ricordi.

Uno sguardo mi sfiora l' anima
e rotola su, fino alle stelle.

Una nota volteggia, impazzita,
sul palmo della mia mano,
un soffio ed è subito vita.

Un sorriso, caparbio, riemerge con forza,
nella mia mente, quasi a far compagnia
ai pensieri che la rivestono.

Ciò che i miei occhi conservano
è un candido fiore bianco, posato lì,
in un angolo di mondo,
il suo profumo accompagna il vento
in danze lontane, tuffandosi nel blu intenso
e volando con le ali della libertà.

L' anima conserva parole dette per caso
in una calda serata d'estate,
ed esse la scaldano, la ravvivano
e la inebriano di sensazioni che,
silenziose, scivolano lungo i binari del tempo.

Non c´è nessuno intorno,
i passi si perdono nel battito del cuore
fino ad imprimerci
un attimo di felicità.

Da qui sgorgano i ricordi,
che respirano aria d'inutilità,
chiusi in un cassetto,
proprio come una fotografia.

E poi........ silenzi.

...LA TRASPARENZA...

Ho guardato attraverso un cristallo e vi ho visto
un vento caldo che apriva le porte del mondo,
un abbraccio così soave da riscaldare anche il cuore più gelido,
una carezza così dolce da far nascere un sorriso,
anche sulla bocca di chi non crede.

Ho guardato attraverso un cristallo e ho visto i tuoi occhi
e dentro di essi ho trovato la porta del cielo,
non c'è spazio, non c'è tempo,
tutto sembra racchiudersi in un attimo eterno,
tanto da afferrare l'infinito e stringerlo nelle mie mani.

Ho guardato attraverso un cristallo è ho visto un sogno,
con gli occhi di un bambino,
avvolto in un manto di rose senza spine.

Ho sentito gli angeli invocare la grandezza del tuo nome,
le nuvole diventare acqua,
il sole diventare fuoco, la pace diventare amore,
non ci sono verità e non ci sono bugie,
ci sono sensazioni ed emozioni e c'è vita,
e c'è morte, dolore e felicità,
che volteggiano in un turbinio di danze impazzite,
quasi a confonderne i pensieri.

E sembra così lontano il tuo essere dal mio,
che se provo a raggiungerlo,
le distanze sembrano perdersi nei meandri di mille perché.

Ho guardato attraverso un cristallo,
e per la prima volta ho sentito la tristezza di un'esistenza
che non ti appartiene più,
ti ho sentito piangere, ho sentito le tue mani nelle mie,
la paura cingerti forte quasi a non volerti lasciare andare.

Ho visto un uomo chiedere perdono,
con la voglia di tornare fanciullo,
l'innocenza, l'armonia di cose semplici,
le battaglie vinte e quelle perse.

Ho visto la scia della verità accompagnarti in ogni istante,
senza mai un perché,
senza mai voltarti indietro a guardare ciò che non è mai stato,
vorresti camminare in un campo di fiori,
raccogliere il profumo e diffonderlo nei cuori,
non c'è un modo o non è tempo,
perché chi non ha orecchie per ascoltare
non troverà mai un modo per amare.

Ho guardato attraverso un cristallo è ho avuto paura di non vederti,
ho chiuso gli occhi quasi a cercarti,
ti ho abbracciato forte senza guardarti,
e ho sentito un calore scaldarmi l'anima,
non è importante credere o pensare,
non è importante volare lontano,
nulla ha senso se non c'è qualcuno a cui regalare le ragioni in cui credi,
nulla ha senso se non riesci a perdonare,
o a capire o ad accettare.

C'è una strada che si apre nel mare dell'indifferenza,
c'è un uomo che ti prende per mano,
c'è una luce che illumina i lati oscuri dell'essere di ognuno di noi,
c'è qualcosa in cui sperare, l'oblio? la fragilità?
l'eco di cose lontane, e come un cristallo di pura bellezza,
appartieni solo a te stesso,
donando a me un arcobaleno di saggezza,
ti conservo tra le mani... è trasparenza!

...ANGELI O DEMONI...

Difficile stabilire la sottile linea tra bene e male
elementi incontrastati che fanno proprie le esigenze e le apparenze
e le virtù di pensieri pudici o nascosti
schiavi di schemi paradisiaci
in cui si cullano regole che crescono dentro di noi.

L'infinito è qualcosa che appartiene a pochi
angeli o demoni questo è l'arcano
passione,desiderio,complicità,connubio perfetto
per dare sfogo all'istinto,
primordiale come l'egoismo
e caldo come l'essenza di baci rubati,
oltre ogni limite di spazio e di tempo
come parole che non trovano voce,
come le mani represse da catene
che nessuno spezzerà mai.

Io sono per pochi
e ciò che mi trascina in un vortice di emozioni
è l'intelletto incondizionato,
puerile e semplice di chi vola oltre le nuvole,
afferrando il cielo
e accarezzando il mondo che è insito dentro di me,
senza graffiare l'anima,
in un oblio di fantasia e immaginazione,
icone trasparenti della verità.

Ciò che non conosco nasconde un fascino idilliaco,
forziere di tesori preziosi o di inutili futilità,
aggrappati a binari che viaggiano all'unisono
e sfociano in un'eruzione di complessità assoluta e relativa,
pensieri rubati all'intimità,
attimi di incontenibile gioia e deludente spiritualità,
c'è un bagaglio di cose semplici in cui l'inutilità non trova spazio

vezzo ironico e perversa mediocrità,
dentro o fuori… ma con me …sempre!

Ciò che vorrei custodire è il tuo silenzio…

...SONO QUI.....

Prendi la mia mano e portala sul tuo cuore.

Ti accarezzo il viso, dolcemente,
nei tuoi occhi leggo il dolore
delle rughe portate dal tempo
e nelle tue lacrime si specchia
un sorriso che non leggerò più
sulle tue labbra.

Vorrei abbracciarti.

Ma la paura di farti male
varca la sottile linea di precarietà
che circonda la tua vita.

Non avere timore... sono qui,
aspetto il volo degli angeli,
le loro ali ti porteranno
nel cielo più intenso
conservando i tuoi sogni più grandi.

Sono qui... mentre ti sento piangere,
sono qui... mentre mi regali
la profondità della tua anima
e la consapevolezza
di ciò che lasci.

Sono qui.... E vorrei rubarti
tenerti con me,
per sempre.

Sono qui,
ma ciò che posso fare

è portare la tua mano al mio cuore
e lasciarti volare.

(a mia nonna)

...PER TE...

C'è silenzio intorno a me,
la luna questa sera ha il colore del caramello,
le stelle sembrano così lontane,
e tutto l'universo ha un'aria di mistero,
nostalgico e dolce,
come le distanze che dividono il mondo.

Ma è proprio in questi silenzi che ti cerco,
e ti trovo,
prendo la tua mano e afferro tutta la semplicità di cui sei capace,
e allora quelle stelle non sembrano poi così lontane.

…EGO…

L'espressione è un mezzo di comunicazione
che rappresenta un istinto dato dal proprio ego,
parole, immagini, che si sovrappongono fino ad assumere una forma,
complessa o semplice,
a seconda dell'interpretazione di chi la osserva.

Spesso alcune cose non ci trasmettono niente,
spesso invece ci aprono gli orizzonti di un mondo nuovo
fatto di minuziose ricerche
e dettato dalla propria personalità
ma qualunque sia questa interpretazione,
qualunque sensazione queste forme trasmettono,
sono comunque espressione di vita
e di conseguenza di emozioni,
negative o positive ma pur sempre emozioni.

Il confronto è sempre una crescita costruttiva,
idee, opinioni, paure, verità e bugie
ogni cosa fa parte di un cerchio
e l'importante è che questo non si chiuda
per non assopirsi su futili sogni
ma continuare a recepire tutto ciò il mondo ha da offrire.

A volte è importante chiudere gli occhi ed ascoltare,
cercando di fare proprie le emozioni degli altri,
a volte è importante donare una parte di ciò che si è
senza perdesi in inutili congetture
e lasciare che tutto scorra,
le parole tra le righe,gli occhi su un'opera d'arte,
le mani tra i colori.

E' come sentirsi avvolgere il corpo da un eterno calore,
mentre lo sguardo di un uomo l'attraversa,
e tutto ciò che sei, diventa un pensiero rubato alle orme del tempo,

impresso in un attimo che si chiama ricordo,
crudo come la verità che lo accompagna
o sottile ed esile che corre sul filo dell'ingenuità.

...LA CHIAVE DEI SEGRETI...

La rugiada oggi ha dissolto il profumo del narciso,
convulso da aria e polvere, fluttuante gioco di specchi,
in una veste adorna di frammenti bianchi.

Egli non ha mai rinunciato al gusto di ritrarsi,
con ironia implacabile e sottile,
sempre alla ricerca di definizioni del pensiero.

Un respiro scivola massivo lungo un'ora di passi lenti,
per definire il libero chiamarsi in una danza di cristalli
e melodiche complicità.

C'è una porta dietro ogni pensiero, un giardino nuovo,
estro suadente di suoni impercettibili,
è calma apparente.

...SOLO APPARENZA...

Nuvole basse all'orizzonte, è lì che si ferma la strada,
mentre ti ammiri allo specchio distratto e complice
frugando tra il riflesso ocre della luce,
mentre il tuo volto cambia stagione
e si esalta e consuma tra le pieghe di un vestito perfetto
e il vapore appena avvertito di un tenue profumo candido,
come un bicchiere di latte, al di là delle dune di sabbia
che ricoprono a fatica forze senza respiri.
Sei come una pioggia secca di foglie,
che a fatica ne distingui il colore,
come un vuoto di assenza e silenzi
in cui nemmeno la follia viene in soccorso per darti ragione,
sei come chi non conosce fine e certezza,
mentre leggi ogni riga in cui la coscienza ne segna il risvolto,
dietro e davanti al potere che non ha altro da offrire
se non il valore di una commedia senza apparenza
che lascia dietro di se la scia dei mie pensieri.
Fuori rimane un forte odore di sesso,
che lavi e che sporchi come un'anima informe,
mentre senti che menti perfino a te stesso
e affondi le mani tra ombre distratte
che sanno di rabbia e disprezzo,
fino a non avere nessuna misura
perché domani rimarrà ancora il tuo sogno
mentre vanno in frantumi tracce di un amore malsano,
tra detriti e passione che ricompongono i ruoli
in una culla senza pretese.
E' solo apparenza quella che indossi,
se si potesse scavarla da dentro ne uscirebbe solo silenzio,
non ci sono istruzioni per colorare la vita,
non c'è più tempo per sentire il sapore dolciastro
che prolunga l'attesa né per godere del mondo
nell'unico senso adatto a percepire l'odore dentro ogni essere e cosa,

rimane solo una forma nel cielo,
che modella e disegna i contorni sbiaditi del tempo,
di tutto il resto rimangono solo parole.

...NON RIESCO A VEDERCI L'AMORE....

Lo guardo, è davvero un bambino
ma è come un uragano che nasce da dentro,
una nebbiolina sottile che nasconde l'orgasmo,
tra vuoti borghesi che si appoggiano ad un muro di stelle,
parole socchiuse tra le labbra che esultano al vapore di un nome,
dove il fruscio di questa notte riempie il silenzio
tra mani che sanno di terra.
Dissolvenza del sogno di un'alba,
che si sfama di una voglia lasciata ai piedi di un letto,
perché torni ogni volta quel fremito ed io mi ci possa appagare,
dal primo istante che nasce e che a fatica ne assembli i tasselli,
come un'ombra che si rincorre tra sacchetti di plastica
e fili di grano che si gonfiano tra brandelli di stoffa.
Come polvere lenta si attutisce il flusso del sangue,
mentre io non riesco a vederci l'amore,
in quegli occhi avidi che non aspettano altro che sporcare i miei sogni,
come un'amante distratto, che chiede e che inghiotte acqua e detriti,
come un impeto folle che ne spazza via ogni ragione
e che sterile si offre a brucare le nuvole.
Vorrei sapere cosa si prova soltanto
a guardare mentre tu mi risucchi dentro l'ignoto,
attraverso un muro di foglie ingiallite,
mentre il riflesso timido della luna tira fuori un viso
identico a quello di un uomo che ora dorme e respira
tra le braccia di un'altra, in un silenzio ovattato di vuoto
e di piombo che sa di perduto per sempre.
E rimane il silenzio, che ti tiene in disparte,
mente un respiro profondo ti offre una tregua, tra trame di seta,
giusto il tempo di ricamarci una storia, sporca,
come una macchia d'inchiostro su un vestito appena comprato
ne assapori il disgusto, come un brivido lungo la schiena,
e ti senti di entrare nella tua vita senza permesso.

Ciò che il vento allontana, la nebbia restituisce…

...NON C'E' NULLA...

Non c'è nulla di cui non possa parlare quando è il silenzio a rispondermi,
non c'è nulla che non possa vedere oltre i limiti indecifrabili del tempo,
non c'è nulla che mi parli di te se non un'irrefrenabile voglia di vedere il laghetto dell'Eur,
non c'è nulla in questi buchi di notte che somigli ad un prato fiorito,
non c'è nulla in quello sguardo che indosso come un vestito poco curato,
non c'è nulla che mi racconti il tuo mondo se non pagine scritte un giorno per caso,
non c'è nulla che valga un sorriso nei sogni degli altri,
non c'è nulla che preservi i ricordi come strade di seta sui miei pensieri,
non c'è nulla.

... COSA RIMANE?....

Ci sono attimi della vita racchiusi in pagine bianche
con un lenzuolo in testa che la fa da padrone,
come fantasmi che vagano nella notte
tra mille fantasie senza futura memoria,
per dare dignità e respiro a mille desideri
attaccati ad un corpo che gira frenetico
e si ricompone ai margini di una decenza
che lo guarda esitando.

C'è l'infinito che passa attraverso il vetro
di una stanza d'albergo e si fa poesia,
mentre rimango in disparte a guardare,
mentre la notte che arriva lenta, si oscura,
e ne scrivo la storia attraverso la bocca,
tra sfumature d'argento e di miele,
tra un amore che passa quasi in disparte
ostentando nella memoria ogni sospiro del vento.

Ci sono storie che trascrivi con il colore del mare,
accanto ad isole che sanno di sale
e le attraverso senza paura, tra ombre allungate
come fasci di luce su tappeti che sanno d'antico e prezioso,
tra sentieri sfilacciati che si scontrano ad ogni dettaglio,
in un alito sospeso di specchi che vede riflessi regole e ruoli a confronto.

C'è un gioco di parti stasera, dove si addensano sospiri e parole,
innocenti forse soltanto alla luce,
dove quel che resta sono soltanto testi da scrivere
che si toccano nel cardine secco del pensiero,
come l' ultimo metrò che trasuda istinti senza destino,
come macchie indelebili che segnano confini rimanendo a dormire.

...PARETI DI VELLUTO...

Ci sono momenti che hanno un sapore dolciastro,
in cui ti affidi all'odore e ti lasci guidare,
tra oggetti sparpagliati e percorsi obbligati,
tra i mercatini di Natale,
come ombre che si accorciano al passare del vento,
come buchi nella notte dove l'acqua piovana si mesta
e si rimesta fino ad assumere lo stesso colore.
Mi immergo in un brivido stretto,
che dà sostanza e misura e riscalda questa faccia
come rosso acceso,
con la luce in penombra della lampada sul comodino,
con un' anima tra le gambe,
sospesa a galleggiare nel mondo,
dentro un mare plumbeo che mette quasi paura.
Senti la pioggia che scende? E i suoni che bussano alla porta?
Nel ventre della luna io ti cerco,
tra gialli fiori di campo,
tra vicoli e tetti di una Roma puttana
e su un equilibrio precario mi sorprendo a pensare
ai giorni come se fossero dispari,
dietro un'apparenza ostentata che mi tinge di nero.
Ci sono parole che cercano il loro contrario,
come guizzi di fili d'argento,
come le tue mani che mi cingono i seni,
tra i nodi da sciogliere,
intrecciati come nidi d'uccello
nel lento divagarsi di un respiro che ancora avverto,
e ti chiedi dov'è finito il tuo odore,
anche se sai da dove proviene,
intrappolato in una tela di ragno,
tra un bagno di timore e saliva,
ho avuto l'occasione di amarti.
Le pareti di velluto si piegano alle albe dei nostri giorni,
in questo imbrunire, fra lenzuola e cuscini,

si inchina e si stende un tappeto di rose,
da una doccia dell'anima prendono forma
milioni di parole che si fanno belle
come bolle di sapone dentro un bicchiere,
fanno a gara con la luna,
dove nessun'altro ne ricorda il sapore,
come la dignità che passa attraverso un paio di calze nere
e un pezzo di pane appena sfornato.

…IL VENTO DEI PENSIERI…

Il cielo è terso di nuvole,
c'è una leggera foschia nell'aria,
ciò che mi avvolge è un paesaggio triste,
dove le montagne si tuffano
nel flebile spazio che le circonda,
fino a fondersi, all'unisono,
senza rincorsa, a far pace con Dio.

Tira vento, taglia il respiro,
mi spinge un po' più in là,
ma c'è un sorriso che mi aspetta
alla prossima fermata,
al centro di questa città,
tra gli accordi stonati di una strofa.

Riesci a sentirmi in questo rumore?
Qui la vita ti s'infila in un pensiero,
fino al prossimo viaggio,
tra il profumo del mosto selvatico
e l'odore di castagne.

Cerco il mio pomeriggio di dicembre,
ma non lo trovo,
è come se fosse nella cornice sbagliata,
come musica vecchia che ha corroso l'anima,
come pensieri venduti al mercatino dell'usato,
per pochi spiccioli…

...GIORNI...

I giorni scorrono impetuosi attraverso gli anni.
Il tempo ha preso la sua rincorsa e messo
la marcia più veloce.
C'è un velo di tristezza in questo specchio.
Urla che bastonano il cuore preso a morsi
dalla rabbia.
Non c'è un attimo diverso dall'altro.
E' fugace ogni cosa.
Tutto diviene importante o forse niente.
Tutto scorre su acque putride e fetide
di vergogna.
Questi occhi non vogliono più vedere.
Sono amici del buio e del silenzio.
Il corpo indossa un vecchio maglione di lana,
infeltrito.
Come le parole che sovente ascolta.
Ciò che cerco in lontananza è un sorriso.
Voglia di cose nuove.
Calma.
Calma piatta.
Come il mare in una giornata di luglio,
senza vento.
Un gabbiano volare.

...UNA NOTTE PER CASO...

Tra poco saranno le sette,
quest'odore di vento si addensa come nuvole basse,
come le tante ragioni che mi vorrebbero altrove,
come quando mi allungo a cercare
l'ultimo sogno che sfuma i miei occhi
tra spicchi di faccia e dettagli scomposti
di un giorno troppo normale.
Prenderò una coperta di lana
e ci avvolgerò dentro la notte,
poi mi lascerò andare convinta tra mille pieghe immorali,
dove la coscienza può attendere,
mentre affogo dentro attimi senz'alba a guadare le stelle,
ferma nel buio di un concetto.
Poi mi godo l'idea, così com' è venuta,
mentre la luna disegna chiaroscuri dal profilo di gomma,
come parole davanti ad un sorriso,
come un battito d'ali che accarezza il tuo volto di bimbo,
come quel passato che a volte ritorna
e segue una strada qualunque.
Voglio trasportare il mio silenzio nel riflesso di uno specchio,
per non sentirmi un'intrusa,
perché stasera ho deciso di non rimanere da sola,
tra dettagli che chiedono e si addensano
nel grembo di ricordi confusi che fanno quasi paura.
E come in una notte, per caso,
a qualche metro da un sogno,
vedo un soffitto di seta,
che indugia e scompare oltre la porta,
ma ne avverto ancora il profumo,
che scivola dolcemente sui miei capelli
e vi scovo i colori di Villa Borghese che si risveglia al mattino.
Ma lascio al sonno i suoni di momenti felpati,
di desideri che veleggiano in un mare tranquillo,
perché c'è sempre il calore dell'estate nel mio cuore,

come se fosse l’inizio di una nuova giornata,
come se oltre quel cielo io potessi vedere solo l’amore.

...ROSSO SCARLATTO...

Fa freddo stasera,
la pioggia scandisce un ritmo lento e costante,
il buio sembra quasi silenzio,
il tepore di una vecchia coperta mi porta lontana nel tempo,
i vetri appannati circoscrivono il mio spazio,
lo scricchiolio antico dei mobili evoca un suono quasi impercettibile,
soffice, tutto è al solito posto,
la tv che trasmette distratta,
le candele spente, il vaso di fiori,
l'odore acre dell'inverno.
Cerco le mie cose con lo sguardo,
quasi ad avere conferma che tutto resti immutato,
quasi come se il tempo si fosse fermato
ed ogni istante resti racchiuso in una nuvola soffice e bianca
tanta è la purezza e la sincerità di ciò che conservo.
Ho quasi voglia di chiudere gli occhi
e di portare i miei pensieri in un luogo diverso,
di trovar loro posto sulle pagine vuote di un libro
per scrivere la storia di una bambina che amava il sole e le stelle,
lo zucchero filato e la dolcezza delle caramelle,
che credeva nel valore di un gesto e nell'immensità di un sorriso,
nel profumo di cose buone.
Ma tutto oggi non ha colore, né suoni, né sapori,
tutto si ricopre di una tela scura
e calca le scene della solita commedia
per ripetere ogni volta lo stesso atto,
stessa parte, stessi attori,
in uno squallido teatro di città
dove gli unici spettatori sono anime randagie
vestite di rosso scarlatto
come le passioni che le rivestono.
Ciò che resta della mia parte
è un orda di pensieri confusi,
di certezze negate che non mi appartengono,

fatiscenti insicurezze, legami indiscreti,
ciò che resta è un bacio dato furtivo e dolce
e ancora bianche lenzuola di seta,
il colore dei tuoi occhi riveste porzioni di tempo
e lo spazio che intercorre tra le tue parole
viaggia verso altre dimensioni.
Io sono qui, nel mio quadro antico d'altri tempi,
stavolta ho deciso di chiudere gli occhi,
ma il dolce suono della pioggia che scende lenta
mi ricorda che tutto scorre,
allora sorrido,
accarezzo i miei pensieri
e li regalo al vento, è già domani.

Ciò che non posso afferrare lo comprendo meglio…

...NOTTE DI SAN LORENZO...

Una sera, per caso, mi vesto di nuovo e mi lascio guardare,
oltre l'apparenza di un sorriso appena sfumato,
tra l'incertezza che mi stringe dentro una morsa,
in un parcheggio che ci guarda distratto,
nell'incoscienza di pareti più spesse,
tra scene di amanti che svuotano le proprie paure,
come se da questo buio ci si aspettasse qualcosa,
mentre l'istinto tiene a bada i suoi affetti.
E c'è un tutto di uguale, dentro e fuori un ricordo,
lo faccio accomodare e mi assento di nuovo.

...UNA SERA DI MARZO...

Sono giochi di piacere quelli che indossi,
come un vestito di seta che ti sfiora la pelle,
tra occhi che mi spogliano nuda
e mirano al cuore.
Non so perché mi lascio guidare le mani,
ed affondo la vita in questo ritaglio di tempo,
su una terrazza che sfuma solo i contorni
di una notte che non vuole morire.
Sei come l'odore di cento foglie,
accarezzate dal vento in una sera di marzo,
che galleggiano in un mare d'istinti
sussurrando con un filo di fiato.

...C'E' SOLO UN POSTO...

Tutto è diverso stasera,
mentre ti ascolto parlare,
mentre sento il tuo respiro silente
nascosto dietro un sorriso.
E' come se ti scoprissi per la prima volta,
come se quello che ci ha accompagnato fin qui
non avesse mai avuto tanta importanza.
C'è Ron che canta in tv,
forse per caso,
è proprio ciò che avrei voluto dirti
ma non trovavo le parole.
E con un lungo pianto che blocca il cuore
adesso vorrei solo abbracciarti.

...FUOCO...

Hai un fuoco che brucia dentro.
Trasuda dai pori.
La tua pelle ha un odore aspro.
Quello della giustizia.
I mali sorvolano l'anima.

Eppure, sai cercare la strada
Tra le stelle.
Punto da una verità assoluta.
Il tuo grido non resta sordo.
Attende.

Senti la vita rotolare tra sentieri,
impervi.
L'ansia ti spinge oltre.
Al di là della vetta.
Guidato da un grido soffuso.

Nel mio umile silenzio,
ti ascolto.
Lungo il ciglio della strada immobile.
Accarezzo il vento al bisogno.
L'alba mi trova complice.

.... PENSIERI...

Chiudi i tuoi pensieri in questa stanza.
Non parlare.
Tra pareti rivestite di porpora.
Ascolta il mio respiro.
Portami in dono i tuoi segreti,
perché io li possa rivestire d'oro.
Ferma il tempo.
Scandisci l'attimo.
Lasciami indossare la tua camicia a quadri.
Cedimi la vita che ti fa più male.
La trasformerò in voli di gabbiani.
Immagina uno spazio libero,
dove non esiste nemmeno l'orizzonte.
Lasciami respirare il tuo profumo,
le fragilità nascoste.
Il tuo cuore chiede solo
di spezzare le catene.
Le stesse che hai legato con le mani.
Non aver paura
di varcare i tuoi confini.
La razionalità subisce inganno.
Soprattutto non aprire quella porta.
Fuori c'è un mondo iniquo
che striscia di anime furibonde.
Ci penseremo domani.

… IO TI OSSERVO…

Ti guardo da lontano.
Osservo la concretezza delle tue idee.
Il centro del mondo segnato da un punto
sul quale giocano infinite possibilità.
La tua vita sa di antico.
Il tuo profumo mesto e fugace
entra nelle viscere a disegnare
contorni nitidi.
E' disteso su una coltre di nuvole
che ti vorrei.
In quel posto dove non arriva nessuno.
Dove il cielo, il mare, l'aria ed il fuoco
vivono una vita sola.
Una Babele lontana dal mondo.
Tendi la tua mano.
Voglio solo poterla toccare.
Così capirai che posso sfiorarti il cuore.
Senza far rumore.

...ANIMA...

L'anima chiede profumi sagaci.
Scintille furibonde che impazzano danzanti.
Un solo giorno non passa
senza il pensiero di te.
Sei il contorno di monti lontani.
Sei la bellezza della Cappella Sistina.
Sei una mente che si apre al mondo.
Un cuore che si chiude all'amore.
Potrai mai guardare i miei occhi
e capirne il profondo?
Saprai scorgere ciò che si nasconde
dietro un vestito?
Io sono qui e aspetto.
Nascondo l'ebrezza dietro un paio
di occhiali neri da sole.

...UN REGALO...

Voglio raccontarti di me
e dei regali che mi ha fatto la vita,
seduti su di una panchina,
all'ombra di un lampione.
Tra rami intrecciati,
foglie sparse e cocci rotti.

Voglio che mi racconti di te
e delle mancanze che hai avuto,
seduti su un prato
a contare le stelle.

Voglio che raccontiamo di noi,
seduti in riva al mare
con una birra ghiacciata
ed il rumore delle onde.

Alcune notti sono infinite
e lì giacciono per sempre.
Non è mai l'alba.

...NON SONO CAPACE DI AMARE...

Non sono capace di amare.
Un cuore scalfito da una
perenne solitudine
fine a se stessa.
Non sono capace di amare.
Non è colpa della paura.
Non sono capace di amare.
Preferisco sentirmi libera da catene.
Non sono capace di amare.
Me se ho amato...
nessuno lo ha mai saputo.

...VOGLIO...

Ti voglio bene, dici.
Come la tua assenza continua.
Io ci sono, dici.
Come chi è perennemente in ritardo.
Io ti ammiro, dici.
Come un vestito esposto in vetrina.
Tu sei forte, dici.
Come chi ha appena vinto una sfida.
Io chiedo :
sei capace di regalare la tua
integrale presenza?
Voglio un sorriso sincero
e uno sguardo che accarezza l'anima.
Voglio potermi fidare
e donarti parte di me.
Voglio essere il tuo vestito più comodo.
Quello che ti fa sentire a tuo agio.
Voglio sentire le tue parole.
La presenza discreta non basta.
Leva il mantello che nasconde
la tua figura.
Indossa i tuoi stracci più vecchi.
Vieni coperto di terra.
Con la barba incolta da giorni.
Mostrami il tuo lato peggiore.
Per quello io ti amerò.

… A MANI NUDE…

Il silenzio mi parla di te.
Tra pagine scritte e foto sbiadite.
Vorrei leggere un libro che racconti la vita.
Novelle gioiose e tristi.
La grandezza di un'anima
si evince dal pozzo.
Tanto è profondo
tanto più sprigiona germogli
di consapevolezza.
Le mani nude
graffiano la terra.
Fa eco la tua voce afona
che cerca aiuto e non lo trova.
Sei come una foglia mossa dal vento.
Vibra di emozioni forti.
Scalfisci il muro del suono.
Difendi il tuo cuore
tra queste braccia.

… A PIEDI SCALZI…

Le emozioni vanno in giro a piedi scalzi.
Attraversano oceani e deserti.
Formano giacigli in cui è facile assopirsi.
Vibrano le corde dell'anima.
Ne fanno melodie come capolavori.
Cose rare nella vita.
Un'unica volta diventa per sempre.
Il ricordo non sarà mai flebile.
Rosso scarlatto.

... LA SCELTA...

Si sopravvive per scelta.
Si sopravvive per necessità.
I rami intrecciano pensieri
e germogliano attimi fuggenti.
In un secondo è già domani.
Le luci nascondono contorni.
Vorrei non dimenticarli.
Disegno quel volto con linee confuse.
Ho paura.
Le pagine bianche sono impertinenti
ed amiche.
Le sole.
Tra righe scontate
e graffi dell'anima
vedo una sola luce.
I tuoi occhi.

Le poesie non raccontano storie. Raccontano l'anima. Ogni anima legge le emozioni in modo diverso e le fa proprie…..

www.ingramcontent.com/pod-product-compliance
Ingram Content Group UK Ltd.
Pitfield, Milton Keynes, MK11 3LW, UK
UKHW041923190726
13854UKWH00003B/1403

9 781326 432560